Weihnachtliches Brauchtum den Kindern erklärt

von Heidi Rose

mit Bildern von Yvonne Hoppe-Engbring

Butzon & Bercker

Die Advents- und Weihnachtszeit

In unserem Leben haben große und kleine Feste ihren Platz. Das Weihnachtsfest ist für uns Christen eines der „großen Feste“.
Wir nehmen uns deshalb sehr viel Zeit, uns darauf vorzubereiten und uns zu freuen.

Der Martinstag mit seinen vielen hellen Lichtern weckt schon unsere Vorfreude. Wir spüren: Bald beginnt die Adventszeit.

Die Adventszeit dauert vier Wochen. Dann feiern wir Weihnachten, das Geburtsfest von Jesus. Seit dem 4. Jahrhundert feiern die Christen Weihnachten am 25. Dezember. Der Abend davor, der Heilige Abend, gehört schon dazu.

Die Weihnachtsfreude begleitet uns aber noch ins neue Jahr. Erst am Sonntag nach dem Fest der Erscheinung des Herrn, dem Dreikönigstag, endet die Weihnachtszeit.

Vierzig Tage nach Weihnachten wird die Weihnachtsfreude noch einmal geweckt. Wir feiern das Fest der Darstellung des Herrn, das Fest Mariä Lichtmess.

Feste und Brauchtum

Besonders schön wird die Advents- und Weihnachtszeit erst durch die verschiedenen Feste und Bräuche.
Der Adventskranz, die Barbarazweige, der Nikolaustag, die Weihnachtskrippe, der Tannenbaum und vieles mehr gehören dazu.

Viele dieser Bräuche kennst du sicher. Andere vielleicht nicht. Das liegt daran, dass es manche von ihnen nur in bestimmten Gegenden oder Gemeinden gibt. Manchmal sind auch ihre Namen unterschiedlich. Oder man weiß nicht so genau, wie und warum sie entstanden sind.

Wichtig aber ist vor allem, dass wir das Brauchtum „brauchen“. Denn es hilft uns, Advent und Weihnachten besser zu verstehen und den Glauben mit all unseren Sinnen zu erfahren.
So wird diese Zeit zu einer ganz besonderen Zeit im Jahr.

Der Martinstag

Am 11. November

„Sankt Martin, Sankt Martin …“, spielt die Musikkapelle, und ich singe kräftig mit. Mitten im Zug reitet Sankt Martin. Ich kann ihn gut sehen. Er trägt einen schönen roten Mantel. Später teilt er den Mantel mit dem Bettler, und das Martinsfeuer wird entzündet. Dann gehen wir nach Hause. Meine Laterne leuchtet hell und freundlich. So hell und freundlich wie Sankt Martin, denke ich.

Der heilige Martin

Bis heute feiern die Menschen den heiligen Martin am 11. November. Gelebt hat Martin im 4. Jahrhundert. Er war Soldat des römischen Kaisers. Dann ließ er sich taufen und lebte als einfacher Mönch. Später wurde er Bischof von Tours. Martin war zu allen Menschen gütig. Eine Legende erzählt, wie Martin seinen Soldatenmantel mit einem frierenden Bettler teilt. In der Nacht soll ihm Jesus erschienen sein, bekleidet mit diesem Mantelstück.
Martinstüten, Weckmänner oder anderes Gebäck erinnern an diese gute Tat des Teilens. Auch die Martinsgänse gehören zum Martinstag. Um nicht Bischof werden zu müssen, versteckte Martin sich in einem Gänsestall. Doch das Geschnatter der Gänse hat ihn verraten. Früher war der Martinstag die letzte Gelegenheit zum festlichen Schmaus. Dann begann die sechswöchige Adventsfastenzeit.

Deine Kürbislaterne

Du brauchst: 1 Kürbis,
Messer, Löffel, Teelicht

1) Deckel abschneiden

2) Kürbis aushöhlen

3) Gesicht schnitzen

Mit einem Teelicht leuchtet deine Laterne schön! Sie erinnert dich an Martin, der Licht und Freude gebracht hat. In einigen Gegenden ziehen Kinder in den Tagen um Sankt Martin singend mit ihren Laternen von Haus zu Haus und erbitten eine kleine Belohnung. Versuch's doch auch einmal!

Der Advent

Warten macht Spaß

Endlich ist er da, der Advent. Vier Wochen Zeit, sich zu freuen und auf die Ankunft von Jesus zu warten. Sonst ist Warten langweilig, doch im Advent macht mir das Warten richtig Spaß. Mama und Papa nehmen sich mehr Zeit als sonst. Wir basteln und backen gemeinsam. Wir singen und hören Geschichten. Und jeden Morgen laufe ich gespannt zu meinem Adventskalender … was wohl heute drin ist?

Advent heißt Erwartung

Das Wort „Advent“ kommt aus der lateinischen Sprache. Es bedeutet Ankunft, Erwartung. Wir erwarten freudig die Ankunft des Gotteskindes. Vier Wochen dauert die Adventszeit. Dann feiern wir Weihnachten, das Geburtsfest von Jesus.
Im Alten Testament der Bibel kannst du viel über das Warten und Hoffen auf einen Retter, einen Erlöser und Heiland lesen. Die Menschen waren überzeugt: Gott wird einen Messias, einen König über alle Könige, schicken. Wie ein Licht kommt er in diese dunkle Welt. Er wird die Menschen frei machen von Schuld, Leid und Trauer.
Auch der Adventskranz erzählt dir von der Hoffnung der Menschen. Seit ungefähr 70 Jahren gibt es ihn in der Adventszeit in den meisten Familien, und auch in jeder Kirche hängt einer. Hör einmal zu, was er dir erzählen möchte …

Grün ist die Farbe der Hoffnung. Auf Gott darfst du hoffen und vertrauen. Er erfüllt sein Versprechen. Gottes Liebe umfasst alle. Sie hat keinen Anfang und kein Ende. Daran erinnert der runde Kranz.

Gott hat alle Menschen lieb. Er macht ihr Leben hell. Er schenkt ihnen Jesus, das Licht der Welt. Darauf warten wir im Advent. Oft sind die Kerzen und Schleifen rot, denn Rot ist die Farbe der Liebe.

In vielen Kirchen schmücken violette Schleifen den Kranz. Violett ist die Farbe der Umkehr und der Sehnsucht. Macht euch bereit und erwartet freudig die Ankunft von Jesus!

Kerzen verzieren

Mit farbigen Wachsplatten kannst du die Kerzen adventlich verzieren. Ganz einfach geht’s mit Plätzchen-Ausstechförmchen.

Der Barbaratag

Am 4. Dezember

Nach der Schule gehe ich in den Garten. Ich schneide Zweige von unserem Kirschbaum oder vom Forsythienbusch. Über Nacht lege ich die Zweige in warmes Wasser. Am nächsten Tag stelle ich sie in eine Vase. Sie brauchen jetzt Wärme und Licht. Wenn ich es nicht vergesse, wechsele ich das Wasser alle drei Tage. Ob meine Barbarazweige am Weihnachtsfest wohl blühen?

Die heilige Barbara

Am 4. Dezember erinnert uns der Brauch der Barbarazweige an die heilige Barbara. Zu der Zeit, als die Christen verfolgt und getötet wurden, lebte Barbara mit ihrem Vater, einem reichen Kaufmann, in der heutigen Türkei. Als ihr Vater auf Reisen war, ließ Barbara sich taufen. Der Vater hörte davon, sperrte sie in einen finsteren Turm und übergab sie dem Gericht. Auf dem Weg ins Gefängnis verfing sich ein Zweig in ihrem Kleid. Barbara stellte ihn in einen Krug mit Wasser. Als sie zum Tode verurteilt wurde, war der Zweig aufgeblüht. „Du schienst wie tot", sagte Barbara. „Aber du bist aufgeblüht zu neuem Leben. So wird es auch mit meinem Tod sein. Ich werde erblühen zu neuem, ewigen Leben." Das alles erzählt die Legende. Um das Jahr 306 soll Barbara dann für ihren Glauben gestorben sein.

Wie eine Blüte …

Weihnachten erzählen uns die
Blüten an den Barbarazweigen von Jesus.
Wie eine Blüte ist er aufgeblüht in dunkler
und kalter Nacht. Und hat so Freude und
Liebe zu uns gebracht.

Jeder kann wie eine Blüte
sein. Auch du!
Öffne dein Herz für
die Not der Anderen.
Schenke Gottes Liebe und
Freundschaft weiter.

Bunte Blumen aus Tonpapier
können dich daran erinnern.
Mit einem Faden zum
Aufhängen sind sie ein schöner
Schmuck für deine Barbarazweige.

Der Nikolaustag

Am 6. Dezember

Mein Nikolausstiefel ist bis oben hin gefüllt. Mit vielen leckeren Sachen. Mit Mandarinen und Äpfeln, mit Nüssen und Süßigkeiten. Sogar ein kleines Malbuch ist dabei. Gestern Abend habe ich den Stiefel vor die Tür gestellt. Wir haben „Nikolaus, komm in unser Haus“ gesungen, und Papa hat vom guten Bischof Nikolaus erzählt.

„Wundertäter“ Nikolaus

Bis heute lieben die Menschen den guten Bischof Nikolaus. Am 6. Dezember feiern sie den Nikolaustag. Nikolaus lebte im 4. Jahrhundert in der Stadt Myra, in der heutigen Türkei. Er hatte ein gutes Herz. Er half vielen, die in Not waren. Später wurde er Bischof von Myra. Viele Legenden erzählen von seinen guten Taten.
Einmal bewahrt Nikolaus die Menschen von Myra vor dem Hungertod. Er bittet den Kapitän eines Schiffes um Korn. Obwohl viel Korn aus dem Schiff getragen wird, nimmt die Ladung nicht ab. Die Menschen können Brot backen und werden wieder satt. Besonderes Nikolausgebäck – denk nur an die Weckmänner oder Brezeln – erinnern uns am Nikolaustag daran. Ein anderes Mal beschenkt Nikolaus drei arme Mädchen mit Gold. Nachts schleicht er zu ihrem Haus und wirft drei gefüllte Beutel durch das geöffnete Fenster. Die Not ist zu Ende, und die Mädchen können heiraten. Auch wir hoffen, dass Nikolaus uns beschenkt. Am Nikolausabend stellen wir Stiefel oder Teller vor die Tür.

Nikolausstiefel backen

So wird's gemacht:

1. Backofen auf 200 Grad
   vorheizen
2. 6 Esslöffel Öl
   75 g Zucker
   1 Päckchen Vanillinzucker
   mit dem Knethaken verrühren
3. 150 g Quark, 300 g Mehl
   1 Ei, 1 Päckchen Backpulver
   3 Esslöffel Milch, 1 Prise Salz
   hinzufügen und Stiefel formen,
   Rand mit Mandeln oder Rosinen
   verzieren und mit
   Eigelb bestreichen.
4. 10-15 Minuten backen

Der Luziatag

Am 13. Dezember

Ich mache mich auf den Schulweg. Es ist noch dunkel draußen. Ich fürchte mich etwas. Doch dann schaue ich noch einmal zurück. Unser Wohnzimmerfenster ist hell erleuchtet. Viele bunte Luzialichter stehen auf der Fensterbank. Sie leuchten in die Dunkelheit. Das macht mich froh. Das macht mich mutig. Was so ein kleines Licht doch alles kann, denke ich.

Die heilige Luzia

Ein Licht bringt Freude und gibt neuen Mut. Das haben ganz bestimmt auch die Menschen gefühlt, denen die heilige Luzia geholfen hat. Am 13. Dezember denken wir an das Mädchen Luzia, das um 300 in Sizilien gelebt hat. Damals war es gefährlich, als Christ zu leben. Aus Angst, verhaftet und getötet zu werden, versteckten sich deshalb viele. Die Legende erzählt, dass Luzia die Menschen in ihrem Versteck mit Lebensmitteln versorgte. Dabei trug sie einen Lichterkranz auf dem Kopf. So hatte sie die Hände frei, um alles tragen zu können. Auch anderen, die in Not waren, hat Luzia geholfen. Später musste sie für ihren Glauben an Jesus sterben.

Am Luziatag erzählen die Menschen ihre Geschichte. Sie zünden Kerzen an, stellen sie ans Fenster oder tragen das Licht von Haus zu Haus. In Schweden wecken die Mädchen am Morgen die Familie und wünschen mit einer Kostprobe vom Weihnachtsgebäck Glück und Segen zum Luziatag. Sie tragen dabei weiße Kleider und einen Lichterkranz wie Luzia.

Lichtbringer sein

Luzia bedeutet so viel wie „die Lichtbringerin". Auch du kannst Lichtbringer sein.
Bring dein Lächeln
und deine Freundlichkeit
zu denen, die dich brauchen.
Machst du mit?

Dein Luzialicht

Nimm zum Beispiel ein altes Einmachglas und beklebe es mit vielen bunten Schnipseln aus Transparentpapier. Am Abend stellst du das Glas mit einem Teelicht ins Fenster. Über dein Luzialicht freuen sich sicher alle, die in der Dunkelheit unterwegs sind.

Weihnachten

Am Heiligen Abend

Am Heiligen Abend gehen wir zur Krippenfeier in die Kirche. Ich spiele den kleinen Hirten, der dem Jesuskind ein Licht als Geschenk bringt. Nach dem Gottesdienst ist zu Hause die Bescherung. Wir singen Weihnachtslieder. Mama liest die Weihnachtsgeschichte vor, und ich lege das Jesuskind in die Krippe. Dann packen wir die Geschenke aus …

Jesus wird geboren

Am Heiligen Abend und am Tag darauf feiern wir Weihnachten, den Geburtstag von Jesus. Weißt du, was das Wort „Weihnacht“ bedeutet? In der alten deutschen Sprache hieß es „wihe nacht“, das bedeutet „heilige Nacht“, und daraus wurde „Weihnacht“. Keine Nacht ist so heilig wie die Nacht, in der Jesus geboren wurde.
Die Bibel erzählt, was damals geschah. Maria und Josef waren auf dem Weg nach Betlehem. Als sie dort ankamen, fanden sie keinen Platz zum Schlafen. Nur einen alten Stall. Dort brachte Maria ihren Sohn zur Welt. Sie nannten ihn Jesus, das heißt „Gott hilft“. Später kamen Hirten, um das Kind zu sehen. Ein Engel hatte ihnen die Botschaft gebracht: „Gottes Sohn ist heute geboren. Er ist der Retter!“ Als sie das Kind in der Krippe sahen, freuten sie sich sehr. Und sie erzählten allen, was sie erlebt hatten.
Anders als Worte es können, erzählen auch Weihnachtskrippe und Krippenspiele von der Geburt des Jesuskindes. Im Jahre 1223 ließ der heilige Franz von Assisi zum ersten Mal eine Krippe aufstellen. Wie die Hirten in Betlehem, standen die Menschen staunend vor dem Kind in der Krippe. Und das ist bis heute so. Denn in fast allen Kirchen und in den meisten Familien wird zu Weihnachten eine Krippe aufgebaut. Steht eure Krippe auch Weihnachten unter dem Weihnachtsbaum?

Guter Gott,
Jesus feiert Geburtstag.
Und ich bin eingeladen!
Ich überlege:
Welches Geschenk bringe ich mit?
Ich habe eine Idee:
Ich schenke ihm meine Freundschaft.
Kannst du mir dabei helfen?

Bedrucktes Geschenkpapier
Mit Kartoffelstempeln und deinem Farbkasten kannst du Paketpapier bunt bedrucken. Ausstechförmchen für Plätzchen sind gute Motive.

Weihnachten

Am Weihnachtstag

Am Weihnachtstag fahren wir immer zu Oma und Opa. Die haben einen wunderschönen Tannenbaum. Er ist geschmückt mit glänzenden Kugeln, mit Sternen und einem goldenen Engel. „Früher hingen Äpfel, Nüsse und Gebäck am Christbaum“, erzählt Oma, „und am Ende der Weihnachtszeit plünderten wir Kinder den Baum. Das war ein Festtag für uns.“ Ja, ein Festtag, denke ich, und packe meine Geschenke aus.

Vom Weihnachtsbaum

Seit Hunderten von Jahren gehört der Tannenbaum zum Weihnachtsfest. Er steht in den meisten Familien und in allen Kirchen. Schon immer ist der Baum für die Menschen ein Symbol des Lebens und der Hoffnung gewesen. Der immergrüne Tannenbaum strahlt Leben aus, im Sommer wie im Winter. Der Weihnachtsbaum erzählt vom Leben, das Gott schenkt. Er erzählt von der Hoffnung, die mit Jesus in die Welt kommt. Er erinnert an den Baum des Paradieses, von dem die Bibel ganz am Anfang erzählt. Früher schmückten die Menschen den Baum deshalb mit Früchten.
Meist liegen die Geschenke unter dem Weihnachtsbaum. Mit ihnen zeigen wir unsere Freude über das Geschenk, das Gott uns mit Jesus gemacht hat. Ein größeres Geschenk konnte er uns nicht machen. Daran sollten wir immer denken.

Wenn der Baum erzählen könnte …

Die Kerzen machen mich
zum Lichterbaum. Sie
lassen spüren, wie hell
und warm das Licht ist,
das von Jesus ausgeht.

Glocken läuten eine neue
Zeit ein: Mit Jesus
kommt Gottes Liebe und
Friede in die Welt.

Engel sind Gottes Boten.
Sie bringen die
Botschaft vom Gotteskind
zu Maria, zu Josef,
zu den Hirten und
zu allen Menschen.

Sterne sind Wegweiser
in der Nacht.
Den Sterndeutern haben sie
den Weg zum Kind gezeigt.
Sterne aus Stroh erinnern
an das Stroh
der Futterkrippe,
in der Jesus lag.

Glitzernde Kugeln und
Ketten erinnern an die
kostbaren Geschenke der
Sterndeuter, an Gold,
Weihrauch und Myrrhe.
Die Kugeln erinnern
an die Früchte
des Paradiesbaumes.

Silvester und Neujahr

Am 31. Dezember

Silvester darf ich ganz lange aufbleiben. So lange wie sonst nie. Das ist das Tollste an diesem Tag. Toll sind aber auch das Essen, die leckere Fruchtbowle, die lustigen Spiele. Und natürlich unser „Familienjahresrückblick." Da gibt es immer viel zu lachen. Um Mitternacht gehen wir alle nach draußen und begrüßen das neue Jahr. Und dann nehmen Mama und Papa mich ganz fest in den Arm …

Wir feiern ins neue Jahr

Der letzte Tag im Jahr hat seinen Namen von einem Heiligen, dem heiligen Silvester. Im Jahre 314 wurde er Papst. Wir können von ihm lernen, immer auf Gott zu vertrauen und nie den Mut zu verlieren. Denn Gott hat versprochen, dass er immer für uns da ist. Am letzten Tag des Jahres dürfen wir ihm dafür danken. Und wir dürfen ihn darum bitten, uns auch im neuen Jahr mit seinem Segen zu begleiten.
Um Mitternacht begrüßen wir das neue Jahr mit buntem Feuerwerk und viel Lärm. Früher wollten die Menschen damit die bösen Geister vertreiben. Heute zeigen wir damit unsere Freude. Ob das neue Jahr so bunt wird wie das Feuerwerk? Auch zu Silvester und Neujahr gehört besonderes Gebäck. Denk nur an die leckeren Silvesterkrapfen und das „Neujahrsgebäck“. So können wir Gottes Segen spüren und „schmecken“.

„Bildgebäck“ zum neuen Jahr

Brezel:
Ich habe keinen Anfang und
kein Ende. So ist es auch
mit Gott und seiner Liebe:
Er ist immer für dich da!

Sonne:
Ich mache alles hell. Ich
lasse wachsen und reifen.
So ist es auch mit Gott
und seiner Liebe:
Sie macht dein Leben hell und froh.

Hast du Lust zu backen?
Dann nimm das Rezept vom Nikolausstiefel.
Gebackene Bilder sind ein schöner Gruß
zum neuen Jahr.

Erscheinung des Herrn
Dreikönigstag

Am 6. Januar

Die Sternsinger stehen vor unserer Tür. Mit ihren Kronen, den schönen Kleidern und den glänzenden Ketten sehen sie wirklich wie Könige aus. Einer trägt einen großen Stern. Sie singen ein Lied und schreiben mit Kreide einen Spruch an die Tür. Papa gibt mir Geld. Ich stecke es in die Dose, die die Sternsinger mitgebracht haben. Das Geld ist für arme Kinder.

Der Dreikönigstag

Den 6. Januar nennen wir meist einfach nur Dreikönigstag oder Fest der Heiligen Drei Könige. Die Kirche spricht auch vom Fest der Erscheinung des Herrn. Gemeint ist damit: Jesus erscheint als Retter und König der Welt.
Die Ersten, die dies erkannten, waren die Sterndeuter aus dem Osten. Sie folgten dem Stern und fanden Jesus. Sie brachten ihm königliche Geschenke: Gold, Weihrauch und Myrrhe. Das erzählt uns die Bibel. Später nannte man die Sterndeuter Könige und gab ihnen die Namen Caspar, Melchior und Balthasar. Sie vertreten die drei Erdteile: Europa, Asien und Afrika.
An diese Könige erinnern die Sternsinger, die heute von Haus zu Haus ziehen und uns die Botschaft von der Geburt des Gotteskindes bringen. Sie bitten um eine Geldspende. Die hilft Kindern in aller Welt, damit sie besser leben können. Mit geweihter Kreide schreiben die Dreikönige einen Segensspruch an die Türen:

Christus mansionem benedicat:
C + M + B
Christus segne dieses Haus
(**C**aspar, **M**elchior, **B**althasar)

Einmal König sein

In einigen Gegenden gibt es am 6. Januar den Brauch des Bohnenkönigs. Eine Bohne oder eine Mandel wird in einen Kuchen eingebacken. Wer die Bohne in seinem Stück findet, wird König und darf an diesem Tag die Familie „regieren“.

Darstellung des Herrn
Mariä Lichtmess

Am 2. Februar

An Lichtmess war ich mit meinen Eltern im Gottesdienst. Eigentlich wollte ich zu Hause bleiben. Doch gut, dass ich es mir noch anders überlegt hatte. Denn der Gottesdienst war sehr schön. Zuerst hat Papa für alle Kerzen gekauft. Die hat der Pfarrer später gesegnet. Dann sind wir mit den brennenden Kerzen durch die Kirche gezogen und haben „Stern über Betlehem“ gesungen. Das war sehr festlich!

Von Kerzen und Lichtern

40 Tage nach Weihnachten kannst du das Licht und die Freude von Weihnachten noch einmal deutlich spüren. Die Kirche feiert das Fest der Darstellung des Herrn. Früher endete mit diesem Fest die Weihnachtszeit. Wegen der Weihe der Kerzen und der Lichterprozession heißt dieses Fest auch Mariä Lichtmess. Der Brauch der Lichterprozession ist sehr alt. Seit ungefähr 1500 Jahre gibt es ihn.
Die brennenden Kerzen in unseren Händen erinnern uns an die Begegnung des alten Simeon mit dem Kind Jesus. Maria und Josef bringen ihr Kind in den Tempel – in das Gotteshaus der Juden. Sie wollen ihr Kind Gott weihen. Im Tempel treffen sie Simeon, einen alten Mann. Er erkennt in diesem Kind den Retter und Heiland der Welt.
Das Fest am 2. Februar macht uns Mut für den Weg ins neue Jahr. Wir gehen nicht allein. Jesus, das Licht der Welt, geht mit uns. Die Lichtmesskerze, die nach dem Gottesdienst bei uns zu Hause brennt, erinnert uns daran.

Der Blasiussegen

In vielen Kirchen wird an Lichtmess der Blasiussegen ausgeteilt. Der Priester hält zwei gekreuzte Kerzen vor unseren Hals und spricht den Segen. Seinen Namen hat der Segen von dem heiligen Bischof Blasius. Am 3. Februar feiert die Kirche sein Fest.
Eine Legende erzählt, dass er einen Jungen vor dem Ersticken gerettet hat. Deshalb rufen die Menschen seine Hilfe bei Halskrankheiten an: Gott möge von aller Krankheit heilen und vor aller Gefahr beschützen.

Rätselhafter Weihnachtsbaum

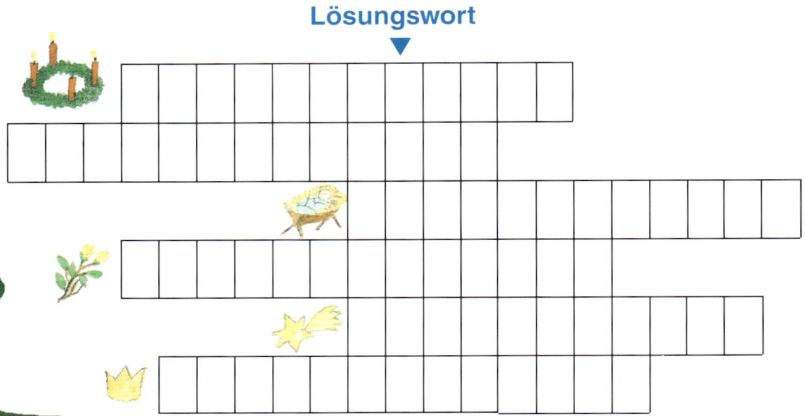

Was begleitet uns durch die Advents- und Weihnachtszeit?
Der Weihnachtsbaum erzählt es dir.

1. Adventskranz 2. Nikolausabend 3. Krippenspiel
4. Barbarazweige 5. Heiligabend 6. Dreikönigstag
Lösungswort: Kerzen

Bibliografische Information der Deutschen Nationalbibliothek
Die Deutsche Nationalbibliothek verzeichnet diese Publikation in der Deutschen Nationalbiografie; detaillierte bibliografische Daten sind im Internet über http://dnb.d-nb.de abrufbar.

ISBN 978-3-7666-0300-5
3. Auflage 2007

Umschlaggestaltung: Yvonne Hoppe-Engbring, Steinfurt
Gesamtherstellung: Benatzky Druck & Medien, Hannover